ESTE DIÁRIO PERTENCE A:

....

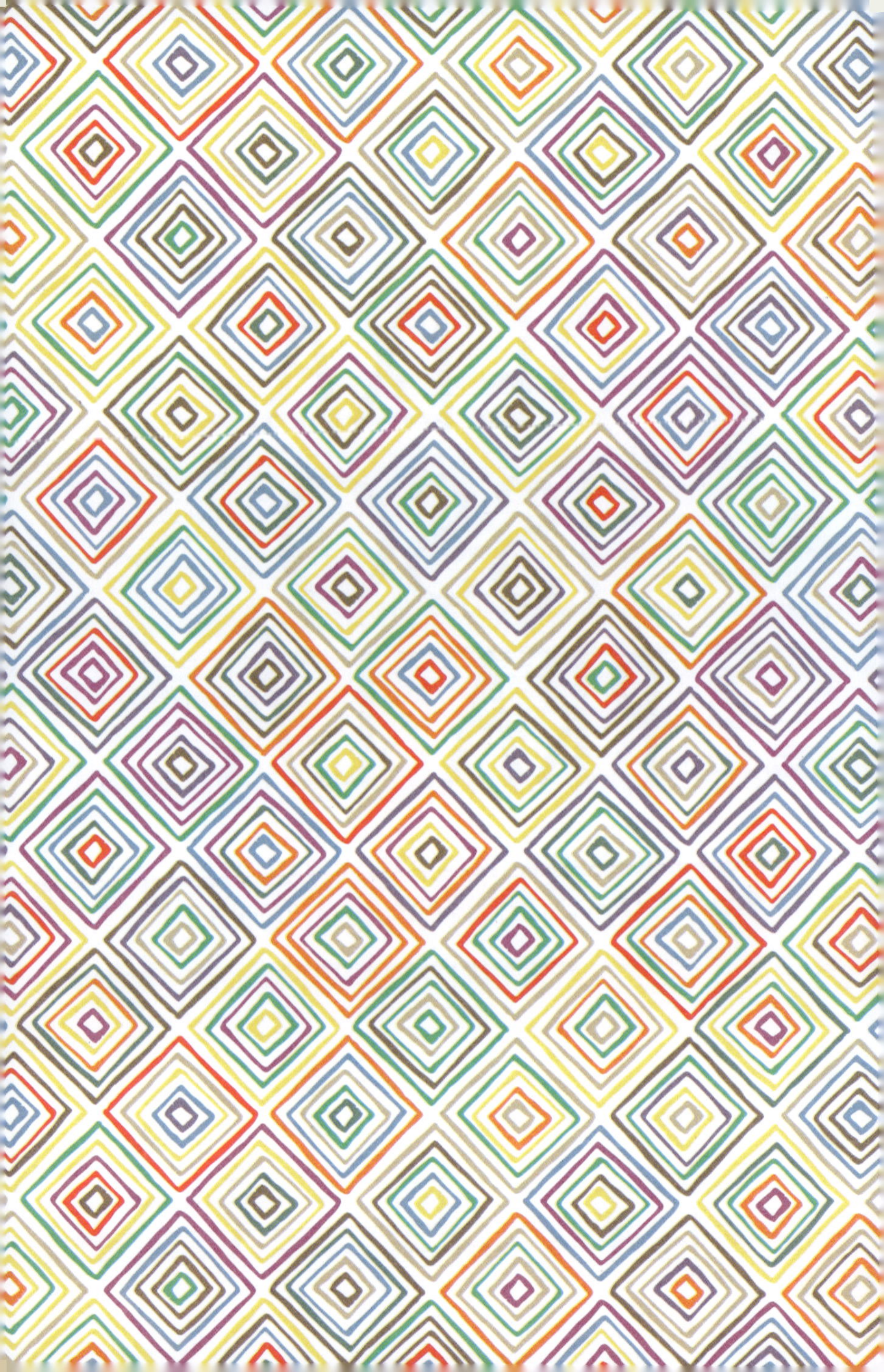

OIÊ!

BEM-VINDO AO SEU VERDADEIRO EU: uma pessoa incrível que não dá trela para bobagem, acredita que energia boa gera energia boa e sabe que qualquer receita de vida saudável leva uma pitada de zoeira, uma dose de amor e, às vezes, algum palavrão. Esqueça os rancores, a lista de desafetos e o peso incômodo do lixo dos outros. Contorne o caminho destrutivo da raiva e siga pela ruazinha colorida da serenidade.

Com este diário você vai dar as costas para as coisas negativas da vida e dar as boas-vindas à positividade e aos momentos felizes que estão à sua espera. Abrace seu lado emotivo, divirta-se com as atividades propostas – na ordem que quiser – e aproveite a oportunidade de deixar pra lá o que não vale a pena.

CURTA CADA EXERCÍCIO E RENOVE SUA ALMA.

PARA O ALTO E AVANTE!

Há coisas neste mundo que parecem pesadas, intensas e sufocantes demais. Mas não se deixe derrotar por elas. Escreva três maneiras de renascer das cinzas e voar como a fênix linda e incrível que você é.

"OLHE PARA AONDE VAI,
NÃO DE ONDE VEIO."

– MINHA MÃE

(O mantra mais influente da minha vida adulta foi inventado porque eu tropeçava em tudo quando criança.)

PARE DE VIVER NO PASSADO

Se só ficar olhando para trás, você não verá as coisas incríveis à sua frente (e vai bater a canela em todas elas). O que você quer ver pelo caminho?

MIME-SE

Quando estiver se sentindo pra baixo – porque seu dia foi ruim, porque sua saúde anda capenga ou simplesmente porque existir dói –, faça algo especial para si mesmo. Bateu vontade de tomar um banho demorado e não falar com ninguém? Ótimo! Quer caminhar por aí e contemplar arvorezinhas coloridas? Faça isso! Chame de "tempo pra mim", "autocuidado" ou "hora de me dar o que eu mereço".

Arranje um tempo para se tratar como se fosse da realeza. Reserve três dias nos próximos três meses para isso; escreva o que pretende fazer e faça.

SCHA•DEN•FREU•DE

CHA-DEN-FRÓI-DE

substantivo

1. *prazer em ver o infortúnio de outra pessoa.*

O SOMBRIO SCHADENFREUDE

Às vezes, quando estamos magoados ou com raiva, temos vontade de nos aquecer numa manta quentinha de *schadenfreude*. Como é bom sentir que algum dia as pessoas que nos fizeram mal vão receber o que merecem!

Sabe o que também é ótimo? Não dar a mínima para os outros. Quanto mais tempo você passa torcendo pelo fracasso de alguém, menos tempo tem para costurar sua própria felicidade. Faça uma colcha de retalhos com as coisas que te deixam feliz. Passe alguns minutos imaginando que retalhos seriam esses e aconchegue-se no calor da positividade!

GRATIDÃO SEM CLICHÊ

A verdadeira gratidão é sutil e despretensiosa. Não deve ser confundida com sua irmã caçula, #Gratiluz, que só quer atenção. Gratidão tem a ver com atenção plena, e não está nem aí para a ostentação dos outros. Se você fosse exprimir sua verdadeira gratidão, pelo que agradeceria?

HÁ QUEM DIGA QUE A MELHOR VINGANÇA É SER FELIZ

Que bobagem! Como é que você vai saber se sua vingança deu certo? Vai ficar postando sua felicidade nas redes sociais e se perguntando se as pessoas sentiram inveja de você? Está percebendo a cilada? Isso só alimenta o que há de pior nos outros. Mas você pode interromper o ciclo agora mesmo.

Abandone seus planos de vingança e dissemine felicidade. Escreva cinco maneiras de despertar sentimentos bons nas outras pessoas.

CARREIRA DESCARRILADA

Às vezes o que nos tira dos trilhos é um problema no trabalho: um colega desagradável, um projeto complicado, questões grandes ou encrencas pequenas. Seja o que for, o ideal é esfriar a cabeça antes de tentar resolver qualquer coisa.

O que enlouquece você no trabalho?

O que você pode fazer para se acalmar e enfrentar o problema de maneira produtiva?

SUPERFILTRO

De vez em quando a gente reage mal e explode, falando ou escrevendo coisas que podem parecer muito adequadas para o momento, mas que na verdade são bem ofensivas e só pioram a situação.

Em vez de sair distribuindo farpas, que tal dar uma diluída na raiva primeiro? Tente parar um pouco, passar sua reação pelo filtro da compostura e encontrar palavras mais construtivas.

O que eu queria dizer

....

....

....

Resultado provável

....

....

....

O que eu deveria dizer

....

....

....

Resultado ideal

....

....

....

PINGA-PINGA

Envenenar seus pensamentos e emoções é muito fácil: basta um pinguinho de insegurança. Quanto mais você deixa que pensamentos como "Ninguém vai me amar", "Sou um fracasso" ou "Não nasci para isso" se infiltrem no seu reservatório de emoções, mais depressa descobre que o poço todinho está envenenado.

Liste alguns desses pensamentos negativos:

Agora risque todo esse lixo. Substitua cada pensamento negativo por afirmações positivas e verdadeiras sobre você:

SAI PRA LÁ!

Ao se levantar de manhã, você pode deixar seus fantasmas assumirem o controle da sua vida. Mas também pode vestir sua capa especial de positividade e sair voando para bem longe deles.

Quais pensamentos negativos despertam sua ansiedade de manhã cedinho?

Quais pensamentos positivos ajudam a afugentar esses fantasmas?

TOMA LOGO ESSE SORVETE!

Às vezes abrimos mão do que é bom só para nos sentirmos um pouquinho melhor – seja por conta da saúde ou para seguir um modismo qualquer. É claro que tomar um sorvete diet, comer um pão sem miolo ou provar um brigadeiro feito de banana tem lá suas vantagens. Só que nada disso é tão bom quanto o original e sempre nos faz morrer um pouco por dentro.

Que tipo de sacrifício você tem feito para se sentir mais virtuoso? Tem valido a pena?

Que coisas você poderia simplesmente apreciar como são, ainda que com moderação?

"HÁ ALGO MUITO HUMANO EM PEGAR UMA COISA ÓTIMA E ESTRAGAR UM POUQUINHO SÓ PARA APROVEITÁ-LA MAIS VEZES."

– MICHAEL, *THE GOOD PLACE*

ESTURRICADO

Sempre haverá circunstâncias que nos levam à seca emocional ou criativa. Elas vão ressecando a nossa paisagem interna até sobrar apenas um amontoado de gravetos à espera de um fósforo. O jeito é regar o que sobrou ou assar uns espetinhos na fogueira.

PEGUE O REGADOR...

Se achar que vale a pena insistir no que está fazendo, escreva um passo a passo para ressuscitar seus planos.

....

....

....

....

....

....

... OU QUEIME TUDINHO

Hora de recomeçar! Se a queimada for inevitável, o que você vai construir quando a fumaça se dissipar?

....

....

....

....

....

....

"SIGA SUA PAIXÃO, SEJA FIEL A SI MESMO E NUNCA PERCORRA O CAMINHO DOS OUTROS, A NÃO SER QUE ESTEJA PERDIDO NA FLORESTA E VEJA UMA TRILHA. NESSE CASO, POR FAVOR, SIGA A TRILHA."

– ELLEN DEGENERES

TUDO BEM SEGUIR O REBANHO ÀS VEZES

Há muito valor em seguir nossos sonhos e trabalhar com afinco para alcançar nossas metas. Só que às vezes sonhamos alto demais, topamos com o azar ou chegamos a um beco sem saída. Admitir que não deu certo e saber a hora de desistir e buscar orientação faz uma baita diferença.

Deixe o orgulho de lado e permita-se ser conduzido por alguém. De que modo você pode fazer isso?

BÉÉÉÉ

COM **ALEGRIA**, O QUE É RUIM SE DISTANCIA

Volte a esta página diariamente por um mês. A cada dia escreva algo que tenha deixado sua vida um pouco mais alegre, um pouco mais frutífera ou um pouco mais espetacular. Cada registro, grandioso ou singelo, será um belo lembrete de que sempre existe algo bom.

Exemplos:

1º dia: *Consegui um emprego!*

2º dia: *Comi uma bala de caramelo.*

3º dia: *Procurei no Google a palavra "meteoro".*

1. ....
2. ....
3. ....
4. ....
5. ....
6. ....
7. ....
8. ....
9. ....
10. ....
11. ....
12. ....
13. ....
14. ....
15. ....
16. ....
17. ....
18. ....
19. ....
20. ....
21. ....
22. ....
23. ....
24. ....
25. ....
26. ....
27. ....
28. ....
29. ....
30. ....

PONHA A MÃO NA MASSA… EM ALGUM MOMENTO!

Procrastinar as grandes responsabilidades nunca é o ideal, mas, se você vai procrastinar, que seja para o bem. Em vez de ficar no sofá sofrendo com o desespero abjeto da inércia, faça algo produtivo que você odeie menos do que aquilo que está evitando. Quando sua casa estiver impecável e a paz mundial se estabelecer, você se sentirá melhor para fazer a Tal Coisa que postergou. Faça uma lista e mãos à obra.

PROCRASTINAÇÃO POSITIVA

- [ ]
- [ ] LIMPAR A CASA
- [ ]
- [ ]
- [ ] LAVAR UMA PILHA DE ROUPAS
- [ ] FAZER TRABALHO VOLUNTÁRIO OU QUEBRAR O GALHO DE UM AMIGO
- [ ]
- [ ]
- [ ] APRENDER O BÁSICO DE UM NOVO IDIOMA DIFICÍLIMO
- [ ]
- [ ]
- [ ]
- [ ]
- [ ]
- [ ]
- [ ]
- [ ]

CANALIZE SUA MANIA DE CONTROLE

Ninguém gosta de pessoas controladoras (exceto quando chega o apocalipse e elas são as únicas que planejaram a própria sobrevivência, enquanto os reles mortais se debatem como idiotas), mas isso não significa que você deva parar de ser assim. Use seus poderes para o bem!

Quais são as coisas que você vive tentando controlar mas que, na verdade, não estão sob seu controle?

....

....

....

....

Agora procure algo que você realmente possa administrar. Que planos positivos dá para pôr em prática?

....

....

....

....

PODE PARAR

Às vezes o campo de busca da internet, acidentalmente, completa o nome do seu ex, ou do namorado novo do seu ex, ou da rede social do cachorro da nova namorada do seu ex. Acontece! Mas bisbilhotar as fotos dos outros só vai fazer você se sentir mal. Se a rede social de alguém perturba sua mente, enche seu coração de inveja ou prende você no passado, está na hora de parar com isso. Repita comigo, preenchendo com o nome da tal pessoa:

Não vou stalkear ....

Não vou stalkear ....

Não vou stalkear ....

Não vou stalkear ....

Não vou stalkear ....

Não vou stalkear ....

ABAIXO DO TOPO

Você pode assumir um monte de responsabilidades e viver a mil por hora o tempo todo, mas também pode desacelerar e ver o que acontece. Provavelmente sua vida continuará avançando. Existe alguma coisa em que você se esforça demais e que poderia simplesmente deixar pra lá?

Que coisas boas aconteceriam se você não tentasse ser o melhor em tudo o tempo todo?

HOJE É SEU GRANDE DIA!

Vem colorir estas belezuras e tenha um dia fantástico!

PISE NO FREIO!

Funcionar no piloto automático ou fazer tudo que os outros mandam é um hábito que talvez precise de uma boa dose de *agora não, meu bem*. Quando empurrarem você por um caminho estressante, quando o ritmo for frenético demais e queimar todo o seu combustível, respire fundo e diga *não*.

Como seria pisar no freio e respirar um ar fresco em vez da fumaça do seu motor rodando no máximo? Você ainda chegaria aonde quer chegar?

OS BRUTOS TAMBÉM AMAM

Quem são as pessoas que demonstram amor por você? Mesmo que não se expressem com palavras ou gestos grandiosos e sejam do tipo avesso a demonstrações de afeto, você sabe que elas se importam com a sua vida. E como é que você sabe disso? Escreva as evidências.

"ALGUÉM AMA VOCÊ."

– "SOMEBODY LOVES YOU",
BETTY WHO

A EMERGÊNCIA É DELES, NÃO SUA

NÃO É PROBLEMA SEU!

Ser prestativo e atencioso é uma característica importante de quem não é egoísta. Mas para ser uma pessoa legal você não precisa parar tudo o que estiver fazendo e arruinar seu dia sempre que alguém se meter em encrenca.

Não assuma o caos alheio. Que tal encorajar as pessoas a arrumarem a própria bagunça? O que você diria a elas?

Nem sempre dá certo dizer um simples *não* (e depois ficar em silêncio total enquanto o outro esperneia descontroladamente). Nesses casos, como você poderia oferecer ajuda sem absorver o estresse que não é seu?

CARPE DIEM

Nesta jornada passageira que chamamos de vida, seria um grande desperdício não fazer as coisas incríveis que estão ao nosso alcance só por medo de tentar. Você precisa aproveitar as oportunidades que aparecem – seja botar o pé na estrada só com a roupa do corpo, dar uns pegas naquele ser gostosíssimo no outro lado do bar ou praticar um esporte radical. (Sempre com proteção adequada, e isso vale para todas as alternativas anteriores.)

O que impediu você de aproveitar oportunidades como essas no passado?

Que momentos você pode aproveitar plenamente num futuro próximo?

"APROVEITE O MOMENTO, PORQUE AMANHÃ VOCÊ PODE MORRER."

– BUFFY SUMMERS,
BUFFY, A CAÇA-VAMPIROS

CALMO ATÉ DEBAIXO D'ÁGUA

Frases como "fique calmo" só servem para deixar você ainda mais nervoso. Ficar calmo de verdade é outra coisa. É o tipo de serenidade que transforma as luzes piscantes do estresse nos tons suaves do pôr do sol. Vem colorir estas páginas e sentir o calor da nova luz tranquila que emana de você.

"O MEDO DE
PARECER BURRO
IMPEDE VOCÊ DE
AVANÇAR."

– RUPAUL

Pense em alguma vez em que um de seus amigos tenha agido como um pateta e se divertido como nunca porque não deu a mínima para o que os outros iam pensar dele. Do que você mais gostou nesse momento? O que mais apreciou na atitude do seu amigo?

....

....

....

....

Agora pense em alguma vez em que você tenha desejado agir do mesmo jeito, sem pudores, mas se conteve para não parecer idiota. Por que você se reprimiu? Como teria sido chutar o balde?

....

....

....

....

LEMBRE QUE VOCÊ AMA ESSE AMIGO PORQUE ELE É LIVRE, NÃO *APESAR* DISSO.

LIGUE PARA ALGUÉM QUE SE IMPORTA

É sério. Você deveria mesmo fazer isso. Arranje tempo para conversar com um velho amigo, um novo amigo ou qualquer pessoa que consiga inspirar você ou alegrar seu dia só com o som da própria voz. Com quem você tem vontade de fazer contato? E o que gostaria de dizer?

ALIVIE O PESO DAS COSTAS

Carregar o peso extra do passado faz a vida parecer uma aula insuportável de crossfit existencial. Que tipo de pedras você anda carregando?

Pouse essas pedras com cuidado, honrando as lições que elas lhe ensinaram e o fardo que você está abandonando a partir de agora. Como quer prestar essa homenagem? Quer fazer um breve ritual e mandá-las para aquele lugar? Quer enfatizar o aprendizado que teve e transformá-las em pedras da felicidade? Faça o que achar melhor, mas deixe para trás esse fardo pesado e siga seu caminho rumo a um futuro mais leve.

"NÃO CARREGUE PEDRAS EM SEU POTE DE LUZ."

– "BOWL OF LIGHT", TREVOR HALL

PARA CHORAR... DE RIR

Faça uma lista das coisas que têm incomodado você ultimamente. Podem ser crises existenciais ou pequenos aborrecimentos.

Agora risque toda essa tralha! Faça outra lista, relembrando piadas bobas e momentos engraçados que fizeram você rir até a barriga doer.

FAÇA O POSSÍVEL PARA QUE A VIDA NÃO SEJA TÃO DIFÍCIL

Nem sempre acordamos com o sol brilhando, passarinhos cantando à nossa volta e oportunidades de ouro à nossa espera. Às vezes o máximo que conseguimos fazer é sair da cama.

Mas quer saber? É um novo dia! Jogue para longe esse cobertor quentinho e bola pra frente. Que grandes e pequenas atitudes você pode tomar para tornar a vida mais fácil e transformar seu mundo num lugar melhor?

"TUDO É
POSSÍVEL SE
VOCÊ TIVER
CORAGEM
SUFICIENTE."

*– HARRY POTTER E
O ENIGMA DO PRÍNCIPE,*
J. K. ROWLING

Quer dizer, talvez nem tudo. Virar um mestre espadachim quando não se tem coordenação motora é difícil, para dizer o mínimo, assim como é estatisticamente improvável que uma quantia de seis dígitos caia do nada na sua conta bancária. Mas isso não significa que você não deva tentar atingir suas metas. Quais são os objetivos que você gostaria de conquistar? O que tem feito para chegar lá?

O MÊS DO **SIM!**

Torne o mês que vem um pouco mais interessante. Quando estiver prestes a dizer "não" por causa do cansaço, da tensão ou [*insira aqui suas razões!*], experimente dizer "sim".* Que oportunidades divertidas se abririam se você se jogasse de cabeça? Vá anotando tudo que fizer e descreva como se sentiu depois.

**Exceto para coisas perigosas. Para essas, diga "não".*

VAMOS LÁ!

1. ....
2. ....
3. ....
4. ....
5. ....
6. ....
7. ....
8. ....
9. ....
10. ....
11. ....
12. ....
13. ....
14. ....
15. ....
16. ....
17. ....
18. ....
19. ....
20. ....
21. ....
22. ....
23. ....
24. ....
25. ....
26. ....
27. ....
28. ....
29. ....
30. ....

SIMBOLISMO!

Picar uma foto em pedacinhos, colocar fogo em cartas antigas, ~~bloquear pessoas nas redes sociais~~... Pode ser muito útil usar rituais para dar adeus ao lixo que te persegue. Que simbolismo saudável você pode usar para se livrar da amolação?

Ponha suas mazelas numa caixa, embrulhe com uma fita bem bonita e guarde na sua estante emocional. Deixe ali como um aprendizado, um presente da vida – e não como um boneco de mola assustador que vai pular na sua cara quando você menos esperar.

CENTRÍFUGA

O mundo gira muito depressa e pode ser fácil ficar preso no torvelinho de obrigações estressantes. Se você sente culpa só por ficar na cama depois que o despertador toca, por não ter a agenda lotada ou por não se mover a mil por hora o dia inteiro, pare um pouco. Da próxima vez que se sentir assim, interrompa sua rotação e deixe que o estresse gire em torno de você.

De que maneiras você pode relaxar um pouco?

Como transformar isso em hábito?

ARTE FAZ PARTE

No espaço em branco ao lado, escreva as coisas negativas que te enfurecem e as positivas que te enchem de alegria. Depois, com canetinhas, marcadores, adesivos ou um glitter bem lindo, cubra todas as palavras negativas.

OLHA SÓ! Sua arte abstrata ficou demais, hein? Deixe que a vibração positiva dessa obra seja um lembrete de que a beleza pode vir da feiura.

HABILIDADE DE ESCUTA

Sua professora do jardim de infância estava certa: escutar o amiguinho é importante! Liste algumas vezes em que alguém não escutou você e descreva como se sentiu.

Quer apostar que você já fez a mesma coisa? Reflita um pouco. Será que você precisa calar a matraca mais vezes quando alguém estiver falando? Como poderia se tornar um ouvinte melhor?

TUDO DESCE
MELHOR COM UMA
COLHERADA DE
CALA A BOCA

ARCO-ÍRIS TODO DIA

A vida não é apenas sol e céu azul. Também é nuvem carregada, relâmpagos, ciclones bizarros de tudo aquilo que você não controla. Mas a beleza dessa combinação de sol, água e vento é o arco-íris que aparece depois. Nesta página nublada, escreva algumas dificuldades que você tem enfrentado. Na página ensolarada ao lado, escreva coisas mais alegres. Perto do pequeno arco-íris, escreva o que essa rica amizade entre sol e chuva traz de positivo.

"A ALMA DEVE FICAR SEMPRE ENTREABERTA, PRONTA PARA ACOLHER A EXPERIÊNCIA EXTASIANTE."

– EMILY DICKINSON

ABRA SEU CORAÇÃO E SUA ALMA

Todo mundo sabe que faz mal se fechar para oportunidades e relacionamentos. É algo que se reflete até na nossa postura. Então trate de endireitar a coluna e deixe o sol aquecer a sua alma. Que pequenas mudanças você pode fazer para se abrir a novidades?

"EU SEMPRE QUIS
SER ALGUÉM, MAS
AGORA PERCEBO QUE
DEVERIA TER SIDO
MAIS ESPECÍFICA."

– LILY TOMLIN

Liste características pessoais suas: algumas que você acha terríveis, outras que acha excepcionais e algumas que gostaria de ter um dia.

Como você pode usar suas características excepcionais para conquistar as que deseja ter?

PAZ E TRANQUILIDADE

Livre-se da poluição sonora. Que tipo de distração irritante tem chegado aos seus ouvidos?

Reserve um momento para abafar o barulho. Que pensamentos lhe vêm à mente quando você deixa o silêncio dominar?

NAMASTÊ PRA VOCÊ

Quais são as situações estressantes que fazem você cambalear pela vida feito um bebê que está dando seus primeiros passos?

....

....

....

Permita-se parar o que está fazendo por um momento e simplesmente ser você mesmo. Faça o que for preciso para relaxar um pouco... fique no sofá, sente-se ao ar livre, medite. O que prefere fazer?

....

....

....

O que você sente quando deixa as coisas estressantes passarem sem afetar você?

....

....

....

....

PALETA DE SENSAÇÕES

Nomeie as cores desta página com o estado de espírito que cada uma evocar em você. Em vez de "feliz" ou "triste", use palavras ou expressões que realmente expressem seus sentimentos, mesmo que sejam um pouco estranhas ou não façam sentido para mais ninguém (*espantosidade, homicídio, medo dominical* e *sangue nos olhos* são perfeitamente aceitáveis).

Qual desses estados de espírito você prefere? E qual é o pior de todos?

O que você poderia fazer para reduzir o impacto de um estado de espírito sombrio na sua vida?

RORSCHACH RADICAL

Olhe bem para essa linda mancha de tinta da página ao lado. Sem pensar muito, escreva as palavras ou ideias que surgirem na sua cabeça.

O que elas significam para você?

SE VOCÊ ESTÁ FELIZ, BATA PALMAS

Onde você costuma se sentir muito feliz? Em um lugar fechado ou ao ar livre? Pode ser um cantinho tranquilo, uma praça pública ou uma poltrona especial e superconfortável. Liste seus lugares prediletos. Escolha datas ou horários para ir até eles e saborear alguns momentos de felicidade.

"ME LEVE A UM LUGAR ONDE HAJA MÚSICA E RISOS."

– "MY SILVER LINING", FIRST AID KIT

CONSTELAÇÃO DA VITÓRIA

Recompensar o bom comportamento para estimular o bom comportamento não funciona com todo mundo (cachorrinhos e crianças sabem se aproveitar muito bem disso!), mas é claro que ajuda. Apagar mensagens do ex, respirar fundo e deixar a frustração passar, desistir de algo que você quer muito fazer mas sabe beeeem lá no fundo que não deveria... Tudo isso são atos singelos mas corajosos que merecem reconhecimento.

Cite algumas coisas pelas quais você merece elogios.

Como se recompensar por essas pequenas vitórias e ganhar suas estrelinhas?

PRÓXIMA PARADA: QUINTA DIMENSÃO

VIAJE COMIGO. Se você fosse criar sua própria realidade usando sua imaginação espetaculosa, o que criaria?

Em que esse mundo seria diferente da realidade?

Como as reviravoltas e irregularidades desse mundo agiriam a seu favor?

NÃO ESQUEÇA A BOIA

Imagine que você esteja boiando num rio. A água é fresquinha, o sol brilha, a corrente é suave. Você está de óculos escuros e se sente incrível. Esse rio preguiçoso não está nem aí para nada. Vai aonde tem que ir. E vai chegar lá quando for a hora.

Que pensamentos lhe vêm à cabeça enquanto você está boiando?

Como o balanço do rio faz você se sentir?

Esse sentimento de boiar despreocupadamente pode ser aplicado em outras situações? Quais?

O ANTIABISMO

Ruminar chateações é o jeito mais fácil de cair no buraco do desespero. Em vez de ser engolido por ele e esbarrar em detritos durante a queda, é melhor evitar o poço ou se agarrar numa corda. De que maneiras você poderia escapar desses momentos sombrios? Liste algumas atividades ou distrações úteis que o ajudem a não ser sugado – mesmo que por pouco tempo.

O ZUMBIDO DA INSPIRAÇÃO

Que pequenas maravilhas esvoaçam à sua volta? A paisagem do bairro, o verso de uma música ou o fato de as abelhas se comunicarem com uma dancinha rebolante? Anote aqui coisas que surpreendem e inspiram você.

TROCA-TROCA

Interromper bruscamente atividades e comportamentos que não lhe fazem bem não é nada fácil. É dificílimo superar maus hábitos, mas sempre há atalhos para ajudar. Que comportamentos você conseguiria desviar para um caminho mais positivo?

HÁBITOS		DESVIOS!
Escrever mensagens profanamente raivosas toda vez que você se irrita.	→	*Faça uma pausa. Procure memes engraçados e envie para quem não te tira do sério.*
Babar em frente à TV a ponto de a Netflix perguntar se você está bem.	→	*Faça uma caminhada ou um passeio antes de apertar o play.*
	→	
	→	
	→	
	→	

ROSÉ

PALAVRAS DIFÍCEIS DE DIZER COM RAIVA

Quando a raiva bater, respire fundo, solte o ar devagar e pegue seu dicionário dos prazeres. Diga essas palavras em voz alta quando precisar. Acrescente as suas!

HIPOPÓTAMO

BOLHAS

AURORA

NUVEM

ALEGRIA

PISCA-PISCA

CINTILANTE

FLAMINGO

SOLTA O SOM!

Qual é sua playlist da felicidade? Que tipo de música faz você se sentir otimista e invencível? Liste suas canções ou letras favoritas e ponha para tocar sempre que precisar de um empurrãozinho para se alegrar.

PLOT TWIST

De vez em quando nossa história muda do nada. Às vezes temos as melhores surpresas do mundo, como visitas inesperadas ou garrafas de vinho grátis, mas há mudanças que parecem um caminhão atropelando nossos sonhos e esperanças. Para as reviravoltas que não são nem uma coisa nem outra, que oportunidades você poderia encontrar em cada uma delas? Desenhe a comédia romântica que você deseja para a sua vida nos quadrinhos da página ao lado.

1.

2.

3.

4.

5.

6.

O MUNDO NÃO GIRA À SUA VOLTA

Para ser um sol gigantesco no centro do seu próprio universo, não basta parecer espetacular. Também é preciso cuidar de todos em sua órbita – fornecendo calor, espalhando um pouco de luz e protegendo seus amigos e familiares das supernovas destrutivas que existem em todos nós. De que maneiras você pode espalhar sua luz por aí?

"MESMO QUE ESTEJA
NO CAMINHO CERTO,
VOCÊ SERÁ ATROPELADO
SE FICAR AÍ PARADO."

– WILL ROGERS

SAI DA FRENTE!

É fácil ficar preso no mesmo lugar, seja porque você chegou a uma encruzilhada, porque o pneu furou ou porque uma areia movediça apareceu do nada e obstruiu o seu caminho. Nesses casos, como voltar a se mover? Que pequenas atitudes fariam sua locomotiva a vapor retomar o movimento?

AH, O ACASO!

Abra um espacinho para as surpresas fortuitas da vida. Que desvios megablasterdivertidos ou planos empolgantes você pode fazer para abraçar o extraordinário? Faça seu acaso feliz acontecer agora mesmo!

INVASORES DO ESPAÇO!

Seu espaço – seu quarto, sua casa aconchegante, seu cantinho favorito – reflete sua realidade atual? Dê uma olhada em volta e veja se consegue deixar esse ambiente mais adequado removendo tralhas do passado. Liste as coisas que refletem seu Eu Antigo e seu Eu de Agora.

EU ANTIGO	EU DE AGORA
....	....
....	....
....	....
....	....
....	....
....	....
....	....
....	....
....	....
....	....
....	....
....	....
....	....
....	....

Separe as coisas que relembram o passado e não espelham quem você é hoje. Guarde tudo numa caixa ou despache para o espaço sideral.

UMA COLHER DE CHÁ

Quais são os rótulos que os outros tentam colar em você? Como você se sente com isso?

Quais são os sabores deliciosos da sua personalidade? E os horríveis? Qual tem o gosto mais forte, mais docinho ou mais picante?

"TENHO SABORES DEMAIS PARA UMA ÚNICA COLHER."

– STACEYANN CHIN

JÁ É AMANHÃ NO JAPÃO

Que boa notícia! O mundo não acabou! (A não ser, é claro, que você more no Japão e saiba algo que o resto do mundo não sabe ainda.) Quando parecer que a Terra está saindo do eixo ou que o apocalipse é agora, lembre-se de que a luz do sol está no horizonte. O que você mais deseja que aconteça nos próximos dias?

ZEN DE VERDADE

Para chegar à zona de paz que fica em algum ponto entre a fúria assassina e a pura iluminação, é preciso deixar muita coisa pra lá. Nem todos os problemas vão sumir de uma vez só, e uma parte não some nunca. Acontece. Divirta-se um pouco com sua própria desgraça, compense decepções com alegrias e lembre-se: você não está sozinho neste planeta minúsculo que gira em torno do Sol. O que te enche de paz, te ajuda a se sentir bem e te lembra que o melhor ainda está por vir?

AGRADECIMENTOS

Meus alegres agradecimentos a Aimee Chase, Katie Jennings Campbell, Marisa Bartlett, Tara Long, Jennifer Leight, Holly Schmidt, Allan Penn e Bruce Lubin. Obrigada também a Andy Martin, Nichole Argyres, Courtney Littler, Amelie Littell e a todo o pessoal da St. Martin's Press, por continuarem fazendo os livros que tanto amamos. Um grande abraço a Shelly Scarborough, Jamie Engstrom e Rachel Pekarek, por estarem ao meu lado nas minhas empreitadas favoritas.